Kaffeeklatsch

★★★★★

Die schönsten Cafés im Allgäu & Umgebung

Band 2

AVA VERLAG

Neue Cafés entdecken - staunen & genießen Sie!

Jetzt ist's mir klar: Unsere Leserinnen und Leser gehen gerne auf die Rantsch! Zu Deutsch, sie sind reise- und unternehmungslustig. Sie fahren quer durchs Allgäu, um ein paar Stunden Zeit mit der Freundin bei Kaffee und Kuchen zu genießen. Wir haben unendlich viele Zuschriften zum Thema „Kaffeeklatsch" bekommen.
Dutzende haben alle Cafés von Band I besucht und uns berichtet. Wir sind von den Rückmeldungen überwältigt und haben dies zum Anlass genommen, Band II aufzulegen. Hier möchte ich Ihnen den neuen Kaffeeklatsch Band II präsentieren. Das kompakte Büchlein berichtet über rund 40 Cafés im Allgäu und Umgebung. Zudem finden Sie feine Rezepte, tolle Deko-Tipps und erfahren Interessantes zum Thema Knigge.

Viel Freude bei Ihren Entdeckungstouren von Café zu Café.

Ihre

Anita Herta Kößler

Anita Herta Kößler

P.S.: Vermissen Sie Ihr Lieblingscafé? Lassen Sie es mich wissen. Der dritte Band ist in Arbeit.

Die Allgäuerin

Inhalt

Unsere Empfehlung

Sollte der Besuch eines Cafés mit längeren Anfahrtszeiten verbunden sein, gehen Sie auf Nummer sicher und rufen Sie vorher an.

1

Café Peramarta

– WILDSTEIG –

Zeit für eine Pause

Das familiengeführte Café ist ein idealer Ausgangs- oder Zielpunkt für Wanderungen und Ausflüge. Oder, um auf der Sonnenterrasse mit Blick auf die Berge einfach einmal die Seele baumeln zu lassen. Neben Kaffee-, Tee- und Kuchenspezialitäten laden warme Speisen und Salate zum Schlemmen ein. In der kalten Jahreszeit kann man handgemachte Pralinen aus der hauseigenen Konditorei genießen, in den Sommermonaten gibt es verschiedene Eiskreationen.

CAFÉ PERAMARTA

Veronika Koessel
Auernheimer Weg 1 | 82409 Wildsteig
Tel.: +49 (0) 88 67/91 25 730
cafe@peramarta.de

www.peramarta.de

Öffnungszeiten

Do., Fr.: 13 – 22 Uhr
Sa., So., Feiertage: 9 – 22 Uhr
Montag, Dienstag und Mittwoch Ruhetag

Der Laden

– GARMISCH-PARTENKIRCHEN –

Natürlich gut

Im vergangenen Jahr hat sich die Inhaberin in die Herzen der Garmischer gekocht: Die Mischung aus Café, Bistro und Geschenkeladen bietet eine spannende Auswahl angesagter Speisen und Getränke, dazu viel gute Laune.

Auf der Karte stehen frische Smoothies, Kurkuma Latte, Suppe, Ofenkartoffeln, Kichererbsensalat, Chia-Puddings, frische Kuchen und vieles mehr. Auch Veganer kommen in „DER LADEN" voll auf ihre Kosten, denn die warmen Getränke sind auch mit Hafer-, Dinkel-, Reis-, Soja- oder laktosefreier Milch erhältlich.

In Regalen stehen regionale Produkte zum Verkauf: köstliche Gewürze, hausgemachter „Draufstrich", „Glas Speis" zum Aufwärmen oder Bier – zum Verschenken oder selber Genießen.

DER LADEN

Ulrike Pawlak-Seiwald
Chamonixstr. 12 | 82467 Garmisch-Partenkirchen
Tel.: +49 (0) 88 21/94 53 040
info@derladengap.de

www.derladengap.de

Öffnungszeiten

Mo. – Sa.: 10 – 18 Uhr

Sonntag Ruhetag

Zutaten für 20-cm-Springform

150 g Vollkornkekse, 40 g Butter, 2 EL+50 ml Sahne, 2 EL feines Instant-Espressopulver, 875 g Frischkäse (Doppelrahmstufe), 200 g Schmand, 200 g Zucker, 2 Pck Vanillezucker, 3 Eier, 50 g Zartbitterschokolade, 1 TL Kokosöl

Kaffee-Käsekuchen

MIT SCHOKOGLASUR

Zubereitung

1. Den Backofen vorheizen und eine 20-cm-Springform mit Backpapier auslegen und den Rand fetten. Die Kekse in einen Gefrierbeutel geben und mit dem Nudelholz zerkrümeln. Die Butter schmelzen und mit den Kekskrümeln vermengen, in die Backform geben, gleichmäßig festdrücken und im Ofen vorbacken. Backzeit: 10 Minuten bei 160 °C Ober-/Unterhitze (140 °C Umluft). Aus dem Ofen nehmen und abkühlen lassen. 2 EL Sahne erwärmen und 1 EL Espressopulver darin auflösen und abkühlen lassen.
2. Den Frischkäse mit dem Schmand, Zucker, Vanillezucker und der Espressosahne verrühren, die Eier nacheinander unterrühren. In der Backform auf dem Boden verteilen und glatt streichen. Im vorgeheizten Ofen backen. Backzeit: 80–90 Minuten bei 160 °C Ober-/Unterhitze (140 °C Umluft). Der Käsekuchen ist fertig, wenn die Mitte noch leicht wackelt, wenn man an der Form rüttelt. Den Kuchen noch 1 Stunde im ausgeschalteten Ofen mit einem Kochlöffel in der Tür auskühlen lassen, dann in der Form kalt stellen – am besten über Nacht.
3. Für die Glasur 50 ml Sahne erhitzen, 1 EL Espressopulver darin auflösen, dann die grob gehackte Schokolade und das Fett dazu geben, schmelzen lassen und verrühren, bis eine glatte Masse entsteht, etwas abkühlen lassen.
4. Den Kuchen aus der Form lösen, die Glasur darauf verteilen und eventuell glatt streichen. Bis zum Servieren kalt stellen.

Für eine 28-cm-Springform, die Zutaten verdoppeln.

Annamia
Farben-
workshops
Termine finden Sie auf
www.annamia-deko.de

Ausgefallen schön

Auf rund 400 Quadratmetern finden Sie ein einmaliges Sortiment aus Mode, Schmuck, Möbeln, Kalkfarben und Deko. Sie können auch selbst kreativ werden und an einem Farbenworkshop teilnehmen. Übrigens, die verwendeten Kalkfarben sind nach altem Rezepten hergestellt und ausschließlich mit natürlichen Inhaltsstoffen und Pigmenten. Besuchen Sie unseren Workshop und geben Sie Ihrem eigenen Möbelsück einen neuen Vintage-Look.

Annamia

DEKO – KLEIDUNG – CAFÉ – FARBENWORKSHOPS

Vogter Straße 32 · 88267 Vogt/ Grund
Tel.: 0 75 27 / 9 60 09 48 · www.annamia-deko.de

Öffnungszeiten:

Mo.: 9 Uhr – 18 Uhr | Di., Mi.: geschlossen
Do., Fr.: 9 Uhr – 18 Uhr | Sa., So.: 9 Uhr – 16 Uhr | an Feiertagen geschlossen
verlängerte Öffnungszeiten im Sommer für Samstag und Sonntag (bitte auf Homepage nachschauen)

Frühstück von 9 Uhr – 12 Uhr (um Reservierung wird gebeten)

3

Bahnhofscafé der Modellbauer & Sammler

– BOBINGEN-REINHARTSHAUSEN –

Ein Erlebnis für die ganze Familie

Eine Eisenbahn, die mitten durch die Gastwirtschaft fährt und die Bestellung direkt an den Tisch bringt – davon träumen Jungs, groß wie klein. Im gemütlichen Bahnhofscafé wird dieser Traum wahr, der Kaffee kommt mit der Eisenbahn. Das „Haus der Modellbauer" ist ein Treffpunkt für Sammler und Fans von Modelleisenbahnen, Lokomotiven, Modellautos und Lego. Versüßt wird der Aufenthalt im gemütlichen Bahnhofscafé mit selbstgebackenen Kuchen und Torten. Unter Anleitung von erfahrenen „Eisenbahnern" können Gäste die Züge des Hauses betreiben oder eigene Fahrzeuge auf Schienen zum Leben erwecken.

Tipp
Auch der urige Garten ist einen Besuch wert

BAHNHOFSCAFÉ DER MODELLBAUER & SAMMLER

Michael und Helga Forster
Hattenbergstraße 2 | 86399 Bobingen-Reinhartshausen
Tel. Eisenbahn: 01 75/850 20 59
Tel. Café: 01 76/56 77 85 60
hausdermodellbauer@gmx.de

www.haus-der-modellbauer.de

Öffnungszeiten

Do. – Sa.: 14 – 20.30 Uhr
Sonn- und Feiertage: 10 – 20.30 Uhr

4

Isa's Café & Weinbar

– WERTINGEN –

Mit Liebe zum Detail

Die Weltenbummlerin hat sich hier einen Traum verwirklicht und im Café lässt es sich herrlich abschalten und wohlfühlen. Eine Bücherecke lädt zum Verweilen ein, das Kaminzimmer verspricht Gemütlichkeit und im Sommer kann man Sonnenstrahlen im Rosengarten oder auf der Dachterrasse genießen. Neben Frühstücksgerichten für einen guten Start in den Tag werden abwechslungsreiche Mittagsmenüs, hausgemachte Kuchen und frisch gebrühte Kaffeespezialitäten angeboten. Dazu gibt es leckere Kuchen und Torten, Marmeladen und Brotaufstriche.

Tipp
Kinderfrühstück mit „Babycino"

ISA'S CAFÉ & WEINBAR

Isabell Zikeli
Augsburger Str. 2 | 86637 Wertingen
Tel.: +49 (0) 82 72/99 47 912
info@isas-cafe.de

www.isas-cafe.de

Öffnungszeiten

Mo. – Sa.: 8.30 – 18 Uhr
Sonn- und Feiertage: 9 – 18 Uhr

Foto: Anita Herta Kößler/AVA-Verlag®

5

Café Schwermer

– BAD WÖRISHOFEN –

Mit allen Sinnen genießen

1894 in Königsberg gegründet, steht der Name Schwermer für gediegene Kaffeehaus-Gemütlichkeit und süße Köstlichkeiten höchster Qualität. Stilvolles Ambiente und wunderbare Ausblicke in die Unterallgäuer Natur versprechen Entspannung und Erholung vom Alltagsstress.
Die hauseigene Konditorei versorgt das Café täglich mit frischen Torten und Kuchen, ergänzt durch eine große Auswahl erlesener Confiserie-Produkte. Von der Terrasse und dem Wintergarten geht es nahtlos in die Allgäuer Natur über – einfach der ideale Ort zum Entspannen und um die Natur bei einem Kännchen Kaffee oder Tee und einer süßen Verführung auf sich wirken zu lassen.

CAFÉ SCHWERMER GMBH & CO. KG

Marianne Lederle
Heuweg 36 | 86825 Bad Wörishofen
Tel.: +49 (0) 82 47/90 213
info@cafe-schwermer.de

www.cafe-schwermer.de

Öffnungszeiten

täglich: 10 – 18 Uhr
von 1. November bis 31. Januar: 10 – 17 Uhr
Hl. Abend geschlossen

Kleiner Knigge

– FÜR DIE KAFFEETAFEL –

Teil 2

So gelingt Ihnen die perfekte Einladung

Die Anlässe für eine Einladung zum Kaffee sind so zahlreich und unterschiedlich wie Torten und Kuchen selbst. Viele Hochzeiten beginnen mit der Eröffnung des Kuchenbuffets, und auch Taufen, Kommunionen, Geburtstage und Namenstage werden erst beim Verzehr der süßen Kreationen zum unvergesslichen Erlebnis. Ob ein großes Fest oder einfach ein gemütlicher Kaffeeklatsch mit Freunden, der Anlass für eine Einladung, ist im Grunde zweitrangig. Wichtig ist, dass der Empfänger das Gefühl hat, zu etwas Besonderem geladen zu werden. Geben Sie sich Mühe bei der Gestaltung und beim Verfassen des Einladungstextes.

Die wichtigsten Details für eine gelungene Kaffeeeinladung sind:

- Anlass der Einladung
- Ort und Zeitpunkt
- Sind auch Partner und/oder Kinder eingeladen?
- Evtl. Angaben zum Dresscode
- Ggfls. Hinweise zur Anfahrt
- Optional: Geschenkewunsch
- Bis wann und in welcher Form wird eine Zusagen bzw. Absage erwartet

Im Betreff der Einladung sollte immer stehen, um welchen Anlass es sich handelt. Formulieren Sie die Einladung so persönlich wie möglich, d. h. sprechen Sie den Empfänger auf jeden Fall mit Namen an und wählen Sie Ihre Worte immer positiv. Ihr potenzieller Gast sollte das Gefühl haben, dass er unmöglich ablehnen kann und bei Nichterscheinen auf jeden Fall einen ganz besonderen Moment verpasst. Ebenfalls setzen Sie einen Akzent mit der Grußformel. Drücken Sie Herzlichkeit und Persönlichkeit aus.

Tipp von der Kniggeexpertin Susanne Erdmann

Anlässe für eine Kaffeeeinladung

Eine Auswahl passender Anlässe für eine Einladung zum Kaffee finden Sie in der nachfolgenden Übersicht und natürlich auch Ideen für die dazu passenden Torten und Kuchen:

Hochzeit

Der Klassiker ist die mehrstöckige Hochzeitstorte! Bei der Hochzeit von Harry und Meghan gab es entgegen der royalen Tradition eine sehr zeitgemäße Torte, die die hellen Aromen des Frühlings einfangen sollte, kreiert von der Konditorin Claire Ptak aus Ost-London. In die Tat umgesetzt, gab es an dem großen Tag schließlich eine Zitronen-Holunderblüten-Torte mit Buttercreme überzogen und mit frischen Blumen verziert.

Taufe

Zur Taufe eigenen sich im Grunde alle festlichen Torten, die entsprechend der Jahreszeit gewählt werden sollten. Klassiker sind Schokosahne- oder Käsesahnetorten, ebenso wie Sacher- oder Buttercremetorten. Besonders liebevoll finde ich persönlich Petit fours, die mit dem Namen des Täuflings verziert sind.

Geburtstag

Ein Anlass, der jedes Jahr wiederkehrt, und so zahlreich wie die Charaktere der Menschen, so unterschiedlich und variantenreich dürfen auch die Torten und Kuchen zu diesem Ereignis sein. Hauptsache, dem Geburtstagskind schmeckt es!

Ob Torten, Muffins, Cupcake, Cake Pop, Tarte oder Brownies, verzehrt wird, was gefällt. Ich persönliche liebe die Tarte Tatin mit Creme Double von Alain Ducasse, die eigentlich als Dessert serviert wird.

Muttertag

Auch zum Muttertag passen sehr klassische Torten, die in der Regel mit Beerenfrüchten gemacht sind, Himbeersahne- oder Erdbeertorten genauso wie die klassische Schwarzwälderkirschtorte. Mittlerweile gibt es schöne Herzbackformen, durch die die Liebe zur Mutter ausgedrückt wird, und immer mehr setzen sich auch Cupcakes und Cake Pops in Herzform als symbolischer Dankbarkeitsgenuss durch.

Ostern

Neben dem klassischen Osterlämmchen und einem frischen Osterzopf oder -kranz, machen sich ein Marmorkuchen in Hasenform und alle Arten von Möhrenkuchen auf dem Ostertisch besonders gut. Gläubige Katholiken lassen ihr Ostergebäck vor dem Verzehr in der Kirche segnen.

Weihnachten

Zur Vorweihnachtszeit und zu Weihnachten gehören nicht nur das Plätzchenbacken und ein Lebkuchenhaus, sondern ebenso festliche Kuchen. Hier verströmen Aromen wie Zimt, Bratapfel, Glühwein und Nelken den Duft der „gstaaden" Zeit. Bei uns zu Hause ist ein Advent ohne Stollen und klassischem Baumkuchen nicht denkbar, und auch der bei uns in Süddeutschland immer beliebter werdende Pannetone aus Italien ist für mich schon fast traditioneller Teil des Weihnachtsgenusses.

Sonntagskuchen

Sonntag ist Familienzeit, Sonntag ist Kuchenzeit. Der Klassiker ist sicher ein Gugelhupf. Den gibt es mittlerweile auch schon in zahlreichen Varianten mit Rum oder Eierlikör oder ganz einfach als Marmorkuchen. Sehr beliebt sind Biskuitrouladen, die je nach Jahreszeit mit Sahne und Früchten der Saison befüllt werden. Und ganz ehrlich: Ein Biskuitboden ist gar nicht so schwer, wie viele denken…

Dessert

Kleine Küchlein bzw. Kuchen mit Früchten oder Schokolade eignen sich auch wunderbar als Dessert. Ein Klassiker sind Apfelküchlein mit Zimt und Zucker ebenso wie ein lauwarmer Schokokuchen, der unbedingt noch einen flüssigen Kern haben sollte. Ein schönes Finale beim Menü bieten auch alle Arten von Frucht-Tartes oder Souffles.

Dresscode für die Kaffeeeinladung

Wer zu einem schönen Anlass geladen wurde, sollte auch durch sein persönliches Erscheinen dazu beitragen, dass es ein gelungenes Fest wird. Nicht zuletzt drückt man dies durch die richtige Auswahl der Kleidung aus.

- Sofern ein Dresscode auf der Einladung vermerkt ist, gestaltet sich die Wahl der Garderobe sehr einfach. Richten Sie sich am besten nach dem auf der Einladung angegebenen Dresscode.
- Wenn es in der Einladung keine Angaben gibt, kleiden Sie sich je nach Jahreszeit, Anlass und Uhrzeit.
- Bei offiziellen Anlässen gilt: Lieber etwas zu chic als underdressed. Keiner wird sich beschweren, wenn Sie sich stilsicher und gut kleiden, gemunkelt wird nur, wenn Sie sich dem Anlass entsprechend zu wenig zurecht gemacht haben.
- Bei weniger offiziellen Anlässen oder vor allem aber bei einer Kaffeetafel im Grünen dürfen Sie auch etwas legerer gekleidet sein und können getrost auf Highheels verzichten.

Öffnungszeiten

Di. bis Fr.: 10 – 18 Uhr | Sa: 10 – 17 Uhr

Sonntag, Montag und
an Feiertagen geschlossen

Unser Jahresprogramm
finden Sie im Internet
oder können es direkt
bei uns anfordern.

CAFÉ
im Glaserhof

6

Die Villa

– BAD WÖRISHOFEN –

Schmökern und Stöbern

Hereinspaziert – darf es eher klassisches Ambiente, rustikale Stube oder lieber moderne Lounge sein?
Die liebevoll gestalteten Räume eignen sich ideal zum Stöbern, im „Allerlei“ entdecken kleine und große Leseratten neue Lieblingsbücher. Außerdem gibt es hier schöne Dinge fürs Wohnen und Geschenke für jedes Alter.
Bei gutem Wetter können Kaffeespezialitäten und hausgemachtes Gebäck auch auf der Sonnenterrasse genossen werden.
Und zehn individuell gestaltete Themenzimmer des Hotels bieten viel Raum zum Wohlfühlen.

DIE VILLA

Susanne Settele
Obere Mühlstr. 1 | 86825 Bad Wörishofen
Tel.: +49 (0) 82 47/96 200
info@villa-bad-woerishofen.de

www.villa-bad-woerishofen.de

Öffnungszeiten

Täglich: 9.30 – 18 Uhr

7

Caffè Baffetti

– KEMPTEN –

Kaffeepause für Genießer

„Benvenuti!" heißt es im Caffè Baffetti, mitten in der Kemptner Altstadt. Das Familienunternehmen begrüßt mit typisch italienischer Gastfreundschaft große und kleine Gäste. Bei Antonio Gennaro dreht sich fast alles um den Kaffee. Er verwendet ausschließlich seine eigene Röstungsmischung.

Ein „Salotto" lädt mit gemütlicher Couch zum Zeitunglesen ein, serviert werden neben Frühstück, Pannini, Pizzette und Focaccia auch leckere Pasticcini – süßes Gebäck.

Aber auch klassische Kuchen wie Apfel- oder Käsekuchen finden sie auf der Karte.

Von Mo. – Fr. können Gäste mittags zwischen zwei warmen Pastagerichten wählen und zur Wintersaison gibt es frische Suppen.

Übrigens: Beim 1. BAYERISCHEN BARISTA-WETTBEWERB 2017 war Antonio Gennaro unter den Top 3 der Gewinner.

CAFFÈ BAFFETTI

Antonio Gennaro
Klostersteige 7 | 87435 Kempten
Tel.: +49 (0) 8 31/20 59 60 93
info@baffetti.de

www.baffetti.de

Öffnungszeiten

Mo. – Sa.: 8.30 – 18.30 Uhr

8

Caffè Roma

– KEMPTEN –

Dolce Vita

Wenn es morgens noch frisch ist, der Tau auf den Bäumen liegt, italienische Musik auf die Straße mitten in Kempten dringt, das Geschirr klimpert und einem der unverkennbare Duft von frisch geröstetem Kaffee in die Nase steigt, dann sind Sie sicherlich gerade in der Bahnhofstraße am Caffè Roma angekommen…
Für einen kurzen Moment fühlen Sie sich durch italienische Spezialitäten und das südländische Lebensgefühl in den Urlaub versetzt.

Tipp
Besuchen Sie einen Barista-Kurs

CAFFÈ ROMA

Norbert und Birgitt Sailer
Bahnhofstr. 17 | 87435 Kempten
Tel.: +49 (0) 8 31/96 06 005
caffe@caffe-roma.de

www.caffe-roma.de

Öffnungszeiten

Mo. – Fr.: 8 – 18.30 Uhr
Sa.: 8.30 – 18.30 Uhr

Das Honigbeers liegt mitten im Herzen von Bad Hindelang

Hier bieten wir Ihnen neben den verschiedenen Frühstücksangeboten von lokalen Lieferanten, auch diverse Mittagsgerichte (ob gross oder klein, für jeden Hunger ist etwas dabei) bis 17:30 Uhr an. Nachmittags gibt es hausgemachten Kuchen und frischen leckeren Kaffee von der Kaffeerösterei Purschwarz aus Wiggensbach.

Frühstücken in gemütlicher Atmosphäre

Feinste Produkte aus der Region

- Wurst, Käse und Brötchen von lokalen Partnern & Nachbarn
- regionaler Kaffee aus Wiggensbach
- hausgemachte Marmelade
- hausgemachte saisonale Kuchen, 3 - 4 Sorten im Angebot
- kleine und große Mittagsgerichte
- angeschlossener Shop

Honigbeers Frühstück

Inhaber Roman Beer

Marktstraße 4-6
87541 Bad Hindelang
Tel.: 08324 / 9737610

Öffnungszeiten:
ab 8:30 Uhr (Mittwoch Ruhetag)

Tipp:
Gleich eine Tür weiter ab 18 Uhr Beer Steaks & Burger

Beers Steaks & Burger Bad Hindelang / Allgäu

www.beers-hindelang.de

9

Schmackofazz Café

– KEMPTEN –

Glück auf dem Teller

Zwei blonde Lockenschöpfe wirbeln durchs Café. Die Gastgeberinnen, Mutter und Tochter, verwöhnen mit ihrem Team die Gäste des Schmackofazz kulinarisch, man fühlt sich wie bei einer guten Freundin am Küchentisch.
Morgens sorgen die vielfältigen Frühstücksvariationen für einen guten Start in den Tag, bei schönem Wetter lädt die liebevoll gestaltete Sonnenterrasse zum Verweilen ein. Und auch abends ist immer wieder etwas los: Etwa zehnmal pro Jahr werden bei den „Schmacko-Kult-Abenden" Live-Musik und Motto-Menüs geboten.

Tipp

Dienstag ist Kässpatzentag!

SCHMACKOFAZZ CAFÉ

Doris Schäle und Carina Steiger
Brodkorbweg 18 | 87437 Kempten
Tel.: +49 (0) 8 31/57 10 66
steiger.carina@web.de

www.facebook.com/schmackofazz

Öffnungszeiten

Di.: 9:00 – 14:00 Uhr
Mi., Do., Fr.: 9:00 – 12:30 Uhr
Sa.: 10:00 – 13:00 Uhr

10

Bene Kaffee & Laden

– SONTHOFEN –

Kultur – bunt und vielfältig

Sie lieben den Tisch, auf dem der Kaffee steht? Dann nehmen Sie doch beides mit nach Hause! Stühle, Lampen, Bücher und kulinarische Spezialitäten aus ganz Europa werden im Bene nicht nur bestaunt, sondern auch verkauft. 2015 mit der Absicht gegründet, einen Begegnungsort für Jung und Alt zu schaffen, vereint das Café in gemütlichem Ambiente gekonnt Traditionelles, Vintage und modernes Design.

Auf der Karte stehen neben feinen Kaffee-Spezialitäten und hausgemachten Kuchen und Torten auch leckere Burger – vegan oder mit Fleisch aus der Alpenregion.

Tipp
Jeden 1. Freitag im Monat Live-Musik

BENE KAFFEE & LADEN

Ramona & Sven Latzel
Spitalplatz 2 | 87527 Sonthofen
Tel.: +49 (0) 83 21/66 59 14
info@kaffee-bene.de

www.kaffee-bene.de

Öffnungszeiten

Di. bis So.: 9 – 18 Uhr
Montag Ruhetag

Espresso-Tonic

Zutaten für 2 Gläser

Eiswürfel, 500 ml Tonic Water, 60 – 100 ml abgekühlter Espresso, etwas Bio-Zitronenschale zur Deko

Zubereitung

Die Eiswürfel in die Gläser geben, das Tonic Water auf die Gläser verteilen, je 30 – 50 ml Espresso langsam in die Gläser gießen, mit Zitronenschale garnieren.

Für die **alkoholische Variante** – zuerst je 4 cl Gin in die Gläser geben, dann mit Tonic Water aufgießen und den Espresso zufügen.

Text, Rezept & Foto: Marcen Kurz; Freisteller: TB/stock.adobe.com; Hintergrund: april70/Shutterstock.com

Cookies

MIT KAFFEESCHOKOLADE

Zutaten für ca. 20 Stück

175 g Mehl, ½ TL Natron, ½ TL Salz, 150 g Schokolade mit Kaffee, 125 g weiche Butter, 125 g Zucker, 1 EL Zuckerrübensirup, 1 Ei

Zubereitung

1. Den Backofen vorheizen. Zwei Backbleche mit Backpapier auslegen. Das Mehl mit Natron und Salz vermengen. Die Schokolade in grobe Stücke schneiden.
2. Die weiche Butter mit dem Zucker und dem Zuckerrübensirup 3 Minuten lang aufschlagen, das Ei hinzufügen und nochmals 3 Minuten aufschlagen. Das Mehl mit einem Kochlöffel untermischen, dann die Schokoladenstücke untermengen.
3. Mit dem Eisportionierer Teigbällchen mit reichlich Abstand auf die Backbleche setzen – nicht flach drücken. Nacheinander im vorgeheizten Ofen goldbraun backen. Backzeit: 10 – 14 Minuten bei 190 °C Ober-/Unterhitze (170 °C Umluft)
4. Die Kekse sind noch sehr weich, wenn sie fertig sind, deshalb zuerst auf dem Backblech etwas auskühlen lassen, dann auf dem Kuchengitter.

In einer Keksdose aufbewahren, so halten sie mehrere Wochen.

Café Herlein

– SONTHOFEN –

Zeitreise

Eine Ruheoase mitten in der Stadt, in der sich wunderbar nostalgisch Kaffee trinken lässt – wie in Omas Wohnzimmer. Im 100-jährigen Holzhaus wird selbstgemachter Kuchen und Milchkaffee in Geschirr der 50er-Jahre serviert. Auch im Garten lässt es sich auf gemütliche Sitzgelegenheiten umgeben von uralten Bäumen wunderbar entschleunigen – um einmal kurz innezuhalten oder einfach zu relaxen. Zudem gibt es wechselnde Kunstausstellungen und ein großes musikalisch-literarisches Angebot.

Tipp
Stadtgeschichte im Heimathaus Sonthofen

CAFÉ HERLEIN

Bahnhofstr. 29 | 87527 Sonthofen
Tel.: +49 (0) 83 21/29 20

www.facebook.com/CafeHerlein/

Öffnungszeiten

Mi.: 13 – 18 Uhr
Do. – So.: 10 – 18 Uhr

Fotos: Marion Bässler®

12

gxünd

– OBERSTDORF –

Der gesunde Mittagstisch

„Liebe geht durch den Magen“ findet Ann-Christin Deuerling, und wenn es ihrer Kundschaft schmeckt, ist sie glücklich. Mitten in Oberstdorf hat sie ihren Traum verwirklicht und mit viel Herzblut ein eigenes Café aufgebaut. Das gxünd bietet täglich wechselnde, frische Mittagsgerichte, von denen eines immer vegetarisch ist. Auf Wunsch wird in der Küche auch gerne etwas Veganes gezaubert. Zubereitet wird alles soweit möglich nur mit regionalen und saisonalen Zutaten. Neben Lunch gibt es leckere hausgemachte Kuchen und Kaffee von fab.coffee, der Rösterei im benachbarten Reichenbach. Kommunikation wird groß geschrieben und so ergeben sich an den langen Tafeln oft gute Gespräche zwischen Einheimischen und Urlaubern, jung und alt.

Tipp
Apfelkuchen

GXÜND

Ann-Christin Deuerling
Nebelhornstr. 31 | 87561 Oberstdorf
Tel.: +49 (0) 1 51/15 54 23 16
info@gxuend.de

www.gxuend.de

Öffnungszeiten

Mo. – Sa.: 10 – 18 Uhr

13

Kaffeebar Kirschkern

– KAUFBEUREN –

Nicht nur Museumscafé

Die gelernte Trachtenschneidermeisterin Janina Lindner hatte schon immer eine enge Verbindung zum „kunsthaus kaufbeuren". Seit gut einem Jahr ist sie nun engagierte Pächterin des Museumscafés. Den Namen verdankt die Kaffeebar historischen Kirschkernen, die beim Kunsthausbau gefunden wurden.

Unter Schirmplatanen im ruhigen Spitalhof lässt es sich herrlich gemütlich frühstücken. Heimische, frische Irseer Backwaren und moderne Müslivariationen sowie zahlreiche Frühstücksextras mit hohem Bioanteil tragen zum Wohlbefinden bei. Täglich ab 12 Uhr gibt es einen kleinen gesund gekochten Mittagstisch und nachmittags zum „Kaffeeklatsch" selbstgebackene Kuchen.

In Kooperation mit dem Kunsthaus werden Führungen mit Überraschungsmenüs sowie Cocktail- oder Frühstücksspecials angeboten.

KAFFEEBAR KIRSCHKERN

Am Kunsthaus Kaufbeuren
Janina Lindner
Spitaltor 2 | 87600 Kaufbeuren
Tel.: +49 (0) 83 41/28 24
tracht@janinalindner.com
www.janinalindner.com

Öffnungszeiten

Mo.: geschlossen
Täglich von 9:30 – 17:30 Uhr
Do.: 9:30 – 18:30 Uhr

Café Rosa – genießen mit allen Sinnen

Ideenreich & Genussvoll

Café Rosa ergänzt seit 2018 das sinnliche Erleben bei Creativ Deko. Der liebevoll umgestaltete Hof im Fuchstal ist ein ganz besonderer Treffpunkt: Zu allen Jahreszeiten verbinden sich hier Kreativität, Trends und Tradition auf fast magische Weise. Wer Ideen sucht und Anregung braucht, findet sie dort. Man kehrt zufrieden und erfüllt ins eigene Zuhause zurück – mit vielen Ideen und schönen Dingen im Gepäck.

Der inspirierende Besuch bei Creativ Deko lässt sich im Café Rosa perfekt abrunden: ein kleiner Plausch bei heißen oder kalten Erfrischungen, Waffeln oder kulinarischen Häppchen sorgt für ein gelungenes Rundumerlebnis.

14

Muckefuck

– MARKTOBERDORF –

Kaffee aus Leidenschaft

Sepp, Anderl, Toni, Gustl: So heißen nicht nur nette Menschen, sondern auch die Charakter-Kaffees der Rösterei Muckefuck.
Im hauseigenen Café wird auf viele Details und Plastikvermeidung geachtet, hier gibt es Glasröhrchen statt Plastik-Strohhalme, Mehrwegbecher mit eigenem Pfandsystem und keine verpackten Kekse.
Zum Kaffee schmeckt hausgemachter Kuchen und bei Kaffeeschulungen können Gäste mehr über Kaffee erfahren.

Tipp
Kaffee aus der Karlsbader Kanne

CAFÉ MUCKEFUCK

Andreas Oertel
Jahnstr. 9 | 87616 Marktoberdorf
Tel.: +49 (0) 83 42/915 43 45
servus@muckefuck.info

www.muckefuck.info

Öffnungszeiten

Di. bis Sa.: 8 – 19 Uhr
auch an Feiertagen

15

Caffè Lucca

– FÜSSEN –

Ein Hauch Eleganz, gewürzt mit Charme

Wenn Ihr letzter Italienurlaub schon eine Weile her ist, statten Sie doch der Füssener Altstadt mal einen Besuch ab. Im Caffè Lucca schlürfen sie Ihren Muntermacher in italienischem Flair. Das „Café mit Geschmack und Stil" wird besonders für den Service und hervorragenden Espresso gelobt. Und weil der so gut ist, können Sie sich die Bohnen gleich mit nach Hause nehmen. Coffee to go wird umweltbewusst in Mehrwertbechern verkauft und für alle, die keine Milch können, gibt´s die auch in der Soja-Variante.

Tipp
Die Barista-Kurse machen Sie zum Kaffeekenner

CAFFÈ LUCCA

Ritterstr. 9 | 87629 Füssen
Tel.: +49 (0) 83 62/300 10 30
caffe@lucca-fuessen.de
www.lucca-fuessen.de
www.caffe-basoni.de

Öffnungszeiten

Di. bis Fr.: 8 – 18 Uhr
Sa., So.: 8 – 18 Uhr

Winter

Eisig und frostig scheint die Vase mit Nebeleffekt zu sein. Ein spezielles Herstellungsverfahren macht es möglich.

Doris Linder aus Fuchstal-Leeder gibt kreative Tipps rund um die Kaffeetafel.

Rosa, Gold und Schwarz sind füreinander geschaffen.

Besonderes zum Fest

Schneeball und weiße Rosen harmonieren wunderbar mit altrosafarbenen Kerzen.
Das rustikale Keramikgeschirr in Lila- und Rosatönen schmeichelt dem Auge und schafft eine harmonische Atmosphäre.
Der Name des Gastes ist liebevoll auf einer goldfarbenen Scheibe geschrieben. So fühlt sich jeder willkommen.

Frühling

Mit Tischsets kann ein Gedeck optisch „untermalt“ werden, Farbakzente unterstreichen oder Kontraste schaffen.

Raffiniert und unregelmäßig sieht die Müslischale aus. Aus Porzellan, (Fa. SERAX) ist die Schale ein echter Blickmagnet.

Grün lässt grüßen

Kerzen auf Dekogläsern mit Blättern gefüllt, frische farbige Blumen und Moos bringen den Frühling ins Haus. Im Vintagestyle den Morgen begrüßen. Die Farben Grau und Mintgrün sind wunderbar aufeinander abgestimmt. Rustikale Gläser und Tassen (Fa. Broste Copenhagen) mit edler Müslischale gemixt – ein echter Hingucker.

GRIMMER
IHRE GÄRTNEREI

16

Café Klatschmohn

– MEMMINGEN –

Das Café der besonderen Art

Raus aus dem Stadtcafé und rein in den grünen Garten. Im inklusiven Café der Unterallgäuer Werkstätten und der Lebenshilfe begegnen sich Menschen mit und ohne Behinderung und können so ein bereicherndes Miteinander erleben. Neben Kaffee und hausgemachten Torten, Frühstücks- und Mittagsgerichten runden vegane und vegetarische Speisen die abwechslungsreiche Speisekarte ab. Außerdem gibt es schöne Geschenk- und Dekorationsartikel zu kaufen.

Tipp
Vitalteller für Gesundheitsbewusste

CAFÉ DEKO KLATSCHMOHN

Obere Bachgasse 8 | 87700 Memmingen
Tel.: +49 (0) 83 31/99 13 443
info@uaw-mm.de

www.klatschmohn-mm.de

Öffnungszeiten

Mo. bis Fr.: 9 – 17 Uhr
Sa.: 9 – 16.30 Uhr

Fotos: Anita Herta Kößler/AVA-Verlag®

17

Fräulein Frieda

– MEMMINGEN –

Zeit für schöne Dinge

Mit viel Liebe und Freude wurde 2016 eine Kreativ-Manufaktur gegründet, vor gut einem Jahr kam das kleine Café dazu. Neben stilvollen Geschenkartikeln und Wohnaccessoires lassen leckere Kuchen mit Bio-Qualität die Herzen höher schlagen.
Hier bietet sich immer die Gelegenheit, etwas Zeit mit seinen Lieblingsmenschen zu verbringen: sei es bei spannenden Do-It-Yourself Workshops, privaten Feiern oder einfach in trauter Zweisamkeit bei einer guten Tasse Kaffee.

Tipp
Die erfrischende Gurkenlimonade

FRÄULEIN FRIEDA

Christina Ringer & Brigitte Großmann
Bahnhofstr. 14a, bei Haus der Küche | 87700 Memmingen
Tel.: +49 (0) 83 31/98 24 49
info@frauleinfrieda.de

www.frauleinfrieda.de

Öffnungszeiten

Mi. – Fr.: 10 – 18 Uhr
Sa.: 9.30 – 13 Uhr

18

Café K

– MINDELHEIM –

Klein, köstlich und kuschelig

Das über 300 Jahre alte türkise Haus direkt neben dem Heimatmuseum hat eine bewegte Geschichte hinter sich. In ihm wohnte die allseits bekannte Krippele Rosa. Statt der überaus zahlreichen Krippen sind jetzt im sorgfältig renovierten Haus die liebevoll zusammengetragenen Fundstücke von Elke Knöller-Lutz zu bestaunen. Zwischen antiken Stühlen, Spitzendeckchen und seltenen Kaffeekannen, kann man nicht nur leckere selbstgemachte Kuchen schlemmen, auch eine täglich wechselnde vegetarische Mittagskarte lockt viele Gäste an. Vieles, was mittags auf dem Teller landet, wurde auf dem eigenen Feld selbst angebaut. Alle Speisen sind weitgehend aus biologischen Zutaten, die Kaffee- und Kakao-Spezialitäten zusätzlich aus fairem Anbau. Mit den separaten Räumen im zweiten Stock ist es bestens für familiäre Feiern geeignet.

CAFÉ K

Dreerstr. 13 | 87719 Mindelheim
Tel.: +49 (0) 82 61/73 83 53
cafek@bayern-mail.de

www.mein-cafe-k.de

Öffnungszeiten

Mi – So.: 10 – 18 Uhr

19

Café Sisters

– MINDELHEIM –

Internationale Ideen und selbstgemachte Kuchen

Lange haben sich die quirligen Zwillingsschwestern Elly und Jessy in ganz Europa umgesehen, um Ideen zu sammeln. In der Mindelheimer Altstadt haben sie sich nun seit zwei Jahren ihren Traum vom eigenen Café erfüllt und bieten neben den hausgemachten Kuchen auch frische Frühstücksideen, ausgefallene Salate und leckere Bagels. Von der stylischen Inneneinrichtung bis zum hübschen Logo haben die beiden und ihre Familien alles selbst entworfen. Und im Sommer sitzt man vor der wunderschönen Kulisse des Westernacher Tors und genießt zum Beispiel den Liebling der Stammkundschaft: die fruchtige Joghurette-Torte. Oder schlürft einen ausgefallenen Freak-Shake.

CAFÉ SISTERS

Elly & Jessy
Kornstr. 24 | 87719 Mindelheim
Tel.: +49 (0) 82 61/73 84 261
info@cafesisters.de

www.cafesisters.de

Öffnungszeiten

täglich: 8.30 – 18 Uhr

20

Blumen & Café Birkle

– MINDELHEIM-NASSENBEUREN –

Blumenpracht und Kaffeeduft

Das liebevoll geführte Fachgeschäft ist eine Wohlfühloase im Herzen des Dorfes Nassenbeuren, 3 km nördlich von Mindelheim gelegen. Das besondere Ambiente hat das Geschäft seiner früheren Funktion als Schmiede zu verdanken, welche vom Besitzerehepaar liebevoll restauriert wurde.
Neben Blumen und Pflanzen gibt es hier auch Kaffee und hausgemachte Kuchen und Torten – inmitten von Blumen und Dekoration ein Genuss für alle Sinne.

Tipp
Sonnenterrasse im Blütenmeer

BLUMEN & CAFÉ BIRKLE

Gabi Birkle
Hauptstr. 26 | 87719 Mindelheim-Nassenbeuren
Tel.: +49 (0) 82 61/76 36 92
info@blumenbirkle.de

www.blumenbirkle.de

Öffnungszeiten

Mo. – Fr.: 9 – 12 Uhr & 14 – 18 Uhr
Sa.: 9 – 12 Uhr

Affogato Kaffee-Eis

Kaffee-Eiscreme ohne Eismaschine

Zutaten für ca. 1 l Eiscreme

500 ml Schlagsahne, 5 TL Espressopulver, 1 Dose à 400 g gezuckerte Kondensmilch, 2 TL Bourbon oder Whiskey (optional)

Zubereitung

4 EL der Sahne etwas erwärmen und das Espressopulver darin auflösen, abkühlen lassen. Die restliche Sahne aufschlagen, anschließend die Kondensmilch, die Espressosahne und den Bourbon unterheben. Die Eismasse in eine gefriergeeignete Dose füllen, verschließen und 5–6 Stunden einfrieren.

Affogato

Zutaten für 1 Glas

1 Kugel Kaffee-Eiscreme, 1 Espresso

Zubereitung

Die Kugel Eis in ein Glas geben und mit dem heißen Espresso aufgießen, sofort servieren.

Härle
Härle

Bäckerei • Konditorei • Café

Bäckerei Konditorei Härle GmbH
Sonthofener Straße 11 • 87544 Blaichach
Tel.: 08321 81958 • info@baeckerei-haerle.de
www.baeckerei-haerle.de

Öffnungszeiten:
Montag - Freitag von 6:00 – 18:00 Uhr
Samstag von 6:00 – 17:00 Uhr
Sonntags & Feiertage von 7:30 – 17:00 Uhr

21

Kiwi-Café & Geschenke

– BAD GRÖNENBACH –

Genuss mit allen Sinnen

Eine Auszeit in Neuseeland bestärkte Eva-Maria Walcher, ihrem Herzen zu folgen. Am anderen Ende der Welt werden Früchte, Vögel und Bewohner Kiwis genannt, so kam das Café zu seinem Namen.

Handwerklich gerösteten Kaffee aus der Region genießen und den Appetit mit einem Frühstück, Snacks, köstlichen hausgemachten Kuchen und Torten oder dem täglich wechselnden Mittagsmenü stillen – hier kommt jeder auf seine Kosten. Im Geschenkladen gibt es handwerklich hergestellte Ware von kleinen Manufakturen aus der Umgebung, handgefertigte Schokolade, edle Pralinen, Liköre und vieles mehr. Die liebevoll verpackten Geschenke eignen sich bestens für diverse Anlässe oder einfach nur um „Ich hab dich lieb" oder „Danke" zu sagen.

Tipp
Das hausgemachte Birchermüsli ist ein Traum

KIWI-CAFÉ & GESCHENKE

Eva-Maria Walcher
Bahnhofstr. 7 | 87730 Bad Grönenbach
Tel.: +49 (0) 83 34/80 89 894
kiwicafe@gmx.de

www.kiwi-cafe.de

Öffnungszeiten

Mo. – Fr.: 8.30 – 18 Uhr
Sa.: 8.30 – 12.30 Uhr
Sonn- und Feiertage geschlossen

22

Kleines Keller Café

– STETTEN –

Leckereien und mehr

Mit kunterbunten Flohmarktmöbeln und viel Liebe zum Detail richtete Alexandra Jäger im Keller ihres Privathauses ein kleines Café ein. Die Gastgeberin kocht frisch und nach Omas Rezepten, neben Eisspezialitäten, Bio-Salaten gibt es auch einen Mittagstisch. Der Ehemann, Schreiner von Beruf, backt immer sonntags die beliebte Mandeltorte und Roulade. Die Frau hingegen hat sich dem Frühstück verschrieben und backt dreierlei verschiedene Semmeln mit Dinkel- und Roggenmehl. Außerdem werden diverse Dekoartikel und handgemachte Karten zum Kauf angeboten.

Das Café ist ein beliebtes Ausflugsziel für Radler und Wanderer. Der nahegelegene Wald eignet sich für Spaziergänge mit wunderschöner Aussicht. Sie können in einer sehr schönen Kapelle Kraft tanken, einen Trimm-Dich-Pfad durchlaufen oder ein Wassertretbecken nutzen und den Tag bei einer deftigen Brotzeit im Biergarten ausklingen lassen.

Tipp
Spider-Murphy-Gang Frühstück

KLEINES KELLER CAFÉ

Alexandra Jäger
Uggenrieder Str. 18 | 87778 Stetten
Tel.: +49 (0) 82 61/73 69 794
kleineskellercafe@gmail.com

www.kleineskellercafe.metro.bar

Öffnungszeiten

So., Mo., Mi., Do.: 9 – 18 Uhr
Mai bis Sept. Mi.: 9 – 21 Uhr

23

Café Höpker

– FRIEDRICHSHAFEN –

Konditorei mit Herz und Tradition

Was gibt es Schöneres, als warme Sonnenstrahlen bei Kaffee und Kuchen im Freien zu genießen? Der verträumte Garten der Höpkers lockt Besucher von nah und fern, die die entspannende Atmosphäre zwischen schattenspendenden Bäumen, bunten Blumen und einem kleinen Teich genießen. Die Geschichte des Café Höpker beginnt, als Emilie Höpker im Jahre 1953 auf die Idee kam, im damaligen Siedlungshäuschen ein schnuckliges Café mit einer exquisiten Konditorei aufzumachen. Heute führen ihre zwei Urenkelinnen das Café in vierter Generation begeistert weiter und verzaubern die Besucher durch hausgemachten Köstlichkeiten.

CAFÉ HÖPKER

Florentine & Alice Höpker
Birnauweg 10 | 88048 Friedrichshafen
Tel.: +49 (0) 75 41/41 272
h.hoepker@cafe-hoepker.de

www.cafe-hoepker.de

Öffnungszeiten

Di. bis Sa.: 9.30 – 18.30 Uhr
So.: 10 – 18.30 Uhr

HEILEMANN
Confiserie

Werksverkauf in Woringen

Seit mehr als 50 Jahren verschreibt sich
die Confiserie HEILEMANN im Allgäu
der Herstellung feinster Confiserie-Artikel.
An unserem Firmensitz in Woringen stellen wir
mit viel Liebe zum Detail und großer Leidenschaft
alle nur denkbaren Schokoladen-Köstlichkeiten her.
Besuchen Sie uns in unseren 3 Allgäuer HEILEMANN Shops:

HEILEMANN Shop
Zangmeisterstr. 5 · 87700 Memmingen
Mo – Fr 09.00 – 18.00 Uhr · Sa: 09.00 – 13.00 Uhr

HEILEMANN Shop
Klausenmühle 1 · 87480 Weitnau
Mo – Fr 10.00 – 18.00 Uhr · Sa 10.00 – 16.00 Uhr

HEILEMANN Shop
Bahnhofstraße 12 · 87789 Woringen
Mo – Fr 9.00 – 18.00 Uhr · Sa 9.00 – 12.30 Uhr

24

Konditorkunst

– LANGENARGEN –

Mit Liebe gebacken

„Die Liebe für das Süße steckt seit jeher in mir", sagt die sympathische Konditormeisterin und so bäckt sie mit Herzblut ihre handgemachten süßen Kunstwerke, um anderen eine Freude zu machen.

Neben den handgemachten Kuchen und Torten, welche aus ausgewählten regionalen Produkten bestehen, werden in der hauseigenen Pâtisserie saisonal Pralinen, Schokoladentafeln und Feiertagsklassiker wie Schokonikoläuse und Osterhasen produziert.

Wer auf der Suche nach einer Hochzeits- und Motivtorte ist, kommt an der Konditorkunst Langenargen nicht vorbei. Egal ob einstöckig oder mehrstöckig, mit unterschiedlichen Füllungen und individuellen Dekorationen.

Frei nach dem Motto „Das Auge isst mit" werden hier die Frühstücks-Etageren für den Start in den Tag stilvoll präsentiert, auch eine vegetarische Variante wird angeboten.

KONDITORKUNST

Stefanie Denninger
Obere Seestraße 25 | 88085 Langenargen
Tel.: +49 (0) 75 43/93 46 666
info@konditorkunst-langenargen.de

www.konditorkunst-langenargen.de

Öffnungszeiten

Mo. – Mi., Fr.- Sa.: 9 – 17 Uhr
Sonn- und Feiertage: 10 – 17 Uhr

Fotos: Carolin Fürst words&design®

25

Kunst Café

– LINDAU –

Schönes und Seltenes

Das Ambiente des Kunst Cafés ist geprägt von wunderschönen Stuckdecken, antiken Kronleuchtern, prunkvollen Gemälden und eindrucksvollen Möbeln aus vergangenen Epochen.
Die Gäste können bei aromatischen Kaffeekreationen und hausgemachten Kuchen und Torten in einer einzigartigen Atmosphäre verweilen und immer wieder Neues entdecken.
Fast alles, ob Tische, Stühle, Bilder, Kommoden, Lampen oder Dekoration lässt sich käuflich erwerben. Lassen Sie sich verzaubern und gehen Sie auf Schatzsuche.

Tipp
Omas hausgemachter Apfelstrudel

KUNST CAFÉ

Bastian Friedrich
Maximilianstr. 48 | 88131 Lindau
Tel.: +49 (0) 83 82/94 32 204
mail@kunst-cafe.info

www.kunst-cafe.info

Öffnungszeiten

Mo. – Sa.: 10 – 18 Uhr
Sonn- und Feiertage: 12 – 18 Uhr

Ostern

Darf es ein
bisschen mehr sein?
Latte Macchiato in
großen Trinkgläsern ist der
Hit. Mini-Muffins mit Sahne
bieten eine Alternative
zu üppigen Kuchen
und Torten.

Dekoideen, Räumlichkeiten, Geschirr und Arrangements: Creativ Deko – Doris Linder, Hintergrund: Irtsya/Shutterstock.com

Ostereier müssen nicht immer bunt bemalt sein. Ganz schlicht in Natur hat auch seinen Reiz.

Festtagstisch zu Ostern

Rosen – ein Klassiker für große Festivitäten. Oft braucht es nicht viel, um in Osterstimmung zu kommen. Verzierte Ostereier mit Glückwünschen finden einen Platz im Glas. Ein handgeschriebenes Namensschildchen ist für jeden Gast etwas Besonderes.

Ein Glasständer mit 6 Trinkgläsern ist für vieles zu verwenden. Moos, Pflanzen und Frischblumen können zudem gut bewässert werden.

Sommer

Opulente, mit Metallmanschetten verzierte Gläser schmücken jeden Tisch. Sie sind als Trinkglas, Teelichter oder als Vase zu verwenden.

Überraschen Sie Ihre Gäste mit einem Frischecocktail. Im Getränkespender stehen mehrere Liter für den Brunch bereit.

Detailliebe und Farbenspiel

Der Sommer kommt mit bunten Farben und fruchtigen Getränken. Lavendel, Olivenzweige und frische Beeren garantieren Sommerstimmung.
Tischlein, deck dich!
Mit Honig, Zitrusfrüchten und frischem Kaffee lässt sich jeder Morgenmuffel zu Tische locken.

Mint, Lila und Gelb sind die Farben des Sommer. Servietten aus Weidengeflecht wirken sommerlich und leicht.

Wir führen für Sie:

- Gmundner Keramik
- Bunzlauer Keramik
- Villeroy & Boch
- Laura Ashley Tableware
- Greengate
- Wohn- & Gartenaccessoires
- Heimtextilien
- Giesswein
- Dekoartikel

Öffnungszeiten: Do. + Fr. 10:00 Uhr – 19:00 Uhr
Sa. 10:00 Uhr – 16:00 Uhr

26

Hofgut Ratzenberg

– LINDENBERG –

Ausflugsziel mit Geschmack

Hoch oben auf dem Pfänderrücken mit traumhaftem Blick über das Westallgäu erstreckt sich das Hofgut Ratzenberg mit seinen weitläufigen Wiesen, Wäldern und Weiden. Aus der Idee einer ökologischen Landwirtschaft mit artgerechter Tierhaltung und eigener Direktvermarktung ist ein einmaliges Konzept entstanden und so finden sich im Hofladen vor allem Bio-Produkte aus der hauseigenen Metzgerei und Käserei. Die Käsespezialitäten sind mit Laib und Seele gereift und in der Käseschule kann man an kleinen Töpfen sogar selber einmal das „Käsen" probieren.

In der gemütlichen Hofwirtschaft mit schönem Biergarten und zünftiger Vesperstube werden hausgemachte Schmankerl und selbstgebackene Kuchen und Torten serviert. „Regionalität und möglichst alles aus einer Hand" wird bei Familie Eisenmann groß geschrieben. Gut gestärkt geht es anschließend auf Entdeckungstour, nach Vereinbarung sind auch Hofführungen möglich.

HOFGUT RATZENBERG

Familie Eisenmann
Sedanstr. 55 | 88161 Lindenberg
Tel.: +49 (0) 83 81/91 23 530
hofwirtschaft@ratzenberg.de

www.hofgut-ratzenberg.de

Öffnungszeiten

Mi. bis Fr.: 14 - 22 Uhr
Sa., Sonn- und Feiertage: 10 - 22 Uhr

27

Herzlich - Café & Geschenkboutique

– LINDENBERG –

Wohlfühlatmosphäre pur

Stöbern, riechen, schmecken, suchen und finden – für all das steht das Herzlich. Ein Café, um sich Zeit für sich zu nehmen oder im Laden seine Liebsten zu beschenken. Das 400 Jahre alte Gebäude und ehemalige „Stadtcafé" hat eine große historische Bedeutung für Lindenberg und den Handel.
Je nach Lust und Wetterlage kann auf kuscheligen Sofas drinnen oder geschützt durch die Arkaden draußen gegessen und getrunken werden.
70 bis 80 Sorten Bio-Tees verleihen dem Laden einen zauberhaften Duft, eine spirituelle Ecke entführt mit Buddhas und Klangschalen aus Nepal und Tibet in eine andere Welt. Die angebotenen Produkte sind ausgefallen, schön, regional oder fair trade und eignen sich für jedes Budget.

Tipp
Biokaffee aus dem äthiopischen Urwald

HERZLICH – CAFÉ & GESCHENKBOUTIQUE

Barbara Niemann
Hauptstr. 58 | 88161 Lindenberg
Tel.: +49 (0) 83 81/92 70 022
info@herzlich-suchen-finden.de

www.herzlich-suchen-finden.de

Öffnungszeiten

Mo. – Fr.: 10 – 18 Uhr
Sa.: 9 – 14 Uhr

28

D'Kroamer Dorfladen

– GRÜNENBACH –

Tante Emmas Enkel

Seit 100 Jahren gibt es den Dorfladen in Ebratshofen. Von Apfelmus bis hin zur Zahnpasta ist hier alles zu kaufen. Susi Burkarts „Kroamer" ist Dreh- und Angelpunkt in dem kleinen Westallgäuer Ort.

Das liebevoll eingerichtete Cafe ist Treffpunkt für Einheimische, Touristen und Radler. Hier erwartet die Gäste ein leckeres Frühstück, selbstgebackene Kuchen oder eine deftige Brotzeit. Im Dorfladen werden neben täglich frischen Backwaren Honig, Liköre, Käse, Getränke und weitere Produkte aus der Region angeboten.

D'KROAMER DORFLADEN EBRATSHOFEN UND POSTSTELLE

Susanne Burkart
Ebratshofen 33 | 88167 Grünenbach
Tel.: +49 (0) 83 83/300
wolfi.burkart@t-online.de

Öffnungszeiten

Mo., Di., Do., Fr.: 6.30 – 12.30 Uhr & 14.30 – 18 Uhr
Mi.: 6.30 – 13 Uhr
Sa.: 6.30 – 13 Uhr

Foto: Viola Kraus

Kaas Fee

Café, Käse & hausgemachte Spezialitäten

Entdecken & Schmecken

Kaas-Fee – eine Mischung aus Käse-Verkauf und Café. Wir offerieren Ihnen hausgemachte Kuchen im Glas mit leckeren Kaffeesorten – vor allem unser "Kaas-Fee" Kaffee im Weckglas mit Orangenlikör und hausgemachten Eierlikör.

Neben unserem süßen Angebot gibt es eine Vielzahl an vegetarischen Speisen und ein täglich wechselndes Suppenangebot. Gleichzeitig bieten wir unseren Kunden eine Vielfalt an Käsesorten und hausgemachten Spezialitäten. Das Sortiment umfasst viele gemischte Marmeladen, Chutneys, Senfsorten, Pesto's, Essig und Öle und natürlich auch unsere Kosmetik auf der Basis von Molkepulver.

Kaas-Fee

Janique de Jonge
Lindauer Strasse 20 | 87534 Oberstaufen

Tel: + 49 8386 9697137
email: info@kaas-fee.de
www.kaas-fee.de

Öffnungszeiten

Mo. – Fr. 10.00 – 18.00 Uhr
Sa. 10.00 Uhr – 16.00 Uhr

Sonntag geschlossen

29

Café Mangold

– WEILER I. ALLGÄU –

Genuss mit Tradition

Seit drei Generationen ist das Café im Besitz der Familie Mangold. Hier gibt es einzigartige, handgefertigte Pralinen, Torten und Kuchen nach alten Rezepturen. Leckere Eisbecher mit italienischem Eis sowie Köstlichkeiten wie der hausgemachte Apfelstrudel oder Kaiserschmarrn.
Jeden Samstag zeigt Bäckermeister Manfred mit viel Liebe zum Beruf in der Backstube was er kann: verschiedenste Brote, vom Tiroler Gewürzlaib bis zum feinen Walnussbrot oder dem Roggenvollkornbrot ohne Hefe, Brezeln und der Haussemmel. Hefezöpfe und verschiedenes Kleingebäck runden das Sortiment ab. Übrigens, die Kreativen Hochzeitstorten sind der echte Hit.

Tipp
Die „Himmlische" (Joghurt-Himbeer-Torte)

CAFÉ KONDITOREI MANGOLD

Manfred & Annegret Propf
Bäcker- und Konditormeister
Fridolin-Holzer-Str. 19 | 88171 Weiler i. Allgäu
Tel.: +49 (0) 83 87/505
servus@cafe-konditorei-mangold.de

www.facebook.com/CafeMangoldKonditorei/

Öffnungszeiten

Mi. bis Mo.: 8 – 18 Uhr
Dienstag Ruhetag

30

Café blumenreich

– WANGEN –

Freude schenken, Freude genießen

Der Name ist Programm: Blumen zieren die Tassen und Teller und wer mag, darf sich seine blumenreiche Tasse von einem speziellen Regal mit schönem Kaffeegeschirr vom Flohmarkt aussuchen. Stefanie Klaus legt Wert aufs Detail und schreibt die wunderschönen Speisekarten von Hand Blatt für Blatt. Hübsche Geschenkideen von liebevoll verpackten Servietten über Taschentücher zu Geschenkbändern haben alle in irgendeiner Weise mit Blumen zu tun. Auch die Blumensträuße, die die Tische zieren, können für zu Hause gekauft werden.

Tipp
Selbstgemachte Waffeln am Stil

CAFÉ BLUMENREICH

Stefanie Klaus
Bindstr. 5 | 87239 Wangen im Allgäu
Tel.: +49 (0) 75 22/7 72 81 16
info@cafe-blumenreich.de

www.cafe-blumenreich.de

Öffnungszeiten

Di., Do., Fr.: 9.30 – 18 Uhr
Mi.: 8.30 – 18 Uhr, Sa.: 9.30 – 14 Uhr
Montag Ruhetag

Vanille-Cupcakes

MIT MOKKA-FROSTING

Zutaten für 12 Stück

180 g + 40 g weiche Butter, 150 g Zucker, 1 Pck Vanillezucker, 1 Prise Salz, 2 Eier (L), 250 g Mehl, 2 TL Backpulver, 75 ml Milch, 130 g Zartbitterschokolade, 2 EL Sahne, 1 EL feines Instant Espressopulver, 80 g Frischkäse (Doppelrahmstufe), 130 g Puderzucker, 1 EL Kakaopulver, 120 g Saure Sahne, Schokoraspeln zum Verzieren

Zubereitung

1. Den Backofen vorheizen und ein Muffinblech mit Papierförmchen auslegen.
2. Die 180 g weiche Butter mit dem Zucker, dem Vanillezucker und dem Salz in eine Rührschüssel geben und mit den Schneebesen des Rührgeräts einige Minuten hell-cremig aufschlagen. Die Eier nacheinander unterrühren. Das Backpulver unter das Mehl mischen, dann abwechselnd mit der Milch zur Butter-Ei-Mischung geben und umrühren.
3. Den Teig gleichmäßig auf die vorbereiteten Muffinförmchen verteilen und im vorgeheizten Ofen backen. Backzeit: 18 – 20 Minuten bei 180 °C Ober-/Unterhitze (160 °C Umluft)
4. Die Cupcakes aus dem Ofen nehmen, 5 Minuten in der Form, dann auf einem Kuchengitter vollständig auskühlen lassen.
5. Für das Frosting die Schokolade im Wasserbad schmelzen und abkühlen lassen. Die Sahne erwärmen und Espressopulver darin auflösen und abkühlen lassen. Die 40 g Butter mit dem Frischkäse 3 – 4 Minuten lang aufschlagen, den Puderzucker und den Kakao nach und nach unterrühren, zuerst die Schokolade und die Espressosahne, dann die Saure Sahne untermischen. Sofort in einen Spritzbeutel mit einer Sterntülle füllen und auf die Cupcakes spritzen, da die Creme sonst zu fest wird. Mit Schokoraspeln bestreuen und bis zum Servieren kühl stellen.

„Bei uns treffen sich das Gestern und das Morgen und schaffen ein spannendes Jetzt“

Am Seilerturm mitten in Füssen gehört das „Lila Haus“ zu den besonderen Adressen der Stadt. Die Kombination aus Genuss und Sinn für Ästhethik verschmelzen hier zu einem Lebensgefühl. Es erwartet Sie eine Vielfalt an Delikatessen und Geschenkideen in einzigartigem Ambiente. Lassen Sie sich von unserem Angebot an edlen Weinen, Essigen & Ölen, italienischen Köstlichkeiten, Wohnaccessoires und vielem mehr inspirieren.

www.lilahaus-fuessen.de

LILA HAUS – BEIM DITSCH
Drehergasse 42 • 87629 Füssen
Tel.: 0 83 62/9 39 09 78 • info@lilahaus-fuessen.de

Pâtisserie de Pierre

– WANGEN –

Savoir-vivre im Allgäu

Der französische Chefpâtissier Pierre-Julien Rebuzzi hat seine Kunst in Lyon erlernt und sich nach Anstellungen bei Spitzenhotels in London, Dubai und Bora Bora nun in Wangen niedergelassen.
Hier hat er seinen Traum verwirklicht und gemeinsam mit seiner großen Liebe eine Pâtisserie mit kleinem Café eröffnet. Regionale und saisonale Produkte werden nach allen Regeln der französischen Backkunst zu köstlichen Tarteletts, Törtchen, Macarons und vielem mehr verarbeitet.

Tipp
Leckere Croissants – wie in Frankreich

PÂTISSERIE DE PIERRE

Pierre-Julien Rebuzzi
Schmiedstr. 33 | 88239 Wangen im Allgäu
Tel.: +49 (0) 75 22/7 72 49 16
info@patisserie-de-pierre.de

www.patisserie-de-pierre.de

Öffnungszeiten

Di. – Sa.: 8 – 18 Uhr
So.: 8 – 17 Uhr

32

Lamm 3

– LEUTKIRCH –

Tee, Kaffee und Kunstgewerbe

Teesorten aus dem heimischen Allgäu und dem fernen Assam; Kaffee aus der Kaffeerösterei Jehle in Wangen; ausgesuchte Kunst von Handwerkern aus der Region – dies und mehr können Besucher in restaurierten Plüschsesseln, an alten Holztischen oder auf der breiten, gepolsterten Fensterbank genießen. Im Winter werden mit der „Lesezeit" Autorenlesungen und Buchvorstellungen geboten.

Das kleine Café bietet Wohnzimmeratmosphäre, Entspannung und Stil und ist ein wunderbarer Treffpunkt für Alt und Jung mitten in einer autofreien Gasse in der Leutkircher Altstadt.

Tipp
Teatime
mit Sandwiches,
Scones und
Darjeeling

LAMM 3

Astrid Bernecker
Lammgasse 3 | 88299 Leutkirch
Tel.: +49 (0) 75 61/98 52 601
info@lamm3.de

www.lamm3.de

Öffnungszeiten

Mo., Di., Do., Fr.: 10 – 18 Uhr
Sa.: 10 – 13 Uhr

Fuchsbauer's Cafe Stube

– ISNY –

Ein Ort zum Ankommen

Nach einer schönen Radtour, einem kleinen Spaziergang oder einer Wanderung entlang der Unteren Argen lassen sich im Hof-Cafe mit Blick auf Allgäuer Wiesen wunderbar die müden Füße unter den Tisch strecken.
Familie Würtenberger verwöhnt ihre Gäste seit 2012 mit leckeren und luftigen hausgemachten Kuchen und Torten.

Tipp
Die Waldfrucht-Joghurt-Torte

FUCHSBAUER'S CAFE STUBE

Helga Würtenberger
Fuchsbauer 1 | 88316 Isny
Tel.: +49 (0) 75 62/98 13 493

Öffnungszeiten

Do. – Sa.: 14 – 18 Uhr
Sonn- und Feiertage: 13 – 18 Uhr
Januar und Februar geschlossen

OafachSchea

Déko – Café

Tipp

Probieren Sie auch unser gesundes Frühstück!

34

Chocolaterie Maya

– BIBERACH –

Ein Stück vom Glück

Xocolatl war das heilige Getränk der Maya und Azteken und für besondere Zeremonien vorbehalten. In der Chocolaterie Maya ist das „bittere Wasser" heute für jedermann und alle Lebenslagen erhältlich: heiße Schokolade von süß über zart bitter bis würzig herb. Trüffel mit Füllungen von klassisch Whisky über fruchtig Cassis bis exotisch Chili. Pralinen, SchockoTafeln, Nougattörtchen, und vieles mehr lassen Genießerherzen höher schlagen. Süße und pikante Crêpes gibt's übrigens auch.

Die liebevoll zusammengewürfelte alte Ladeneinrichtung, die Düfte und der Blick auf die Vielfalt von Schokoladenkreationen verleihen ein Wohlgefühl der besonderen Art.

CHOCOLATERIE MAYA

Simone Bentele & Annette Härle
Zwingergasse 3 | 88400 Biberach
Tel.: +49 (0) 73 51/58 78 591
info@xocolatl.de

www.xocolatl.de

Öffnungszeiten

Di.: 9.30 – 14 Uhr
Mi. – Fr.: 9.30 – 18 Uhr
Sa.: 9 – 13.30 Uhr

35

Burgcafé Otterswang

– BAD SCHUSSENRIED –

Geheimtipp mit historischem Hintergrund

Die Vorgeschichte der ehemaligen Burg Otterswang lässt sich bis ins Jahr 1083 zurückverfolgen. Heute gilt das Burg-Café hoch über Otterswang bei Kennern des „Balkon Oberschwabens" als echter Geheimtipp. Man sitzt sehr gemütlich und genießt eine herrliche Aussicht.
Frisch und mit viel Liebe zum Detail bäckt Konditormeister Werner Schmid feinste Kuchen und Torten. Neben seinen Klassikern, wie der Maracuja-Sahnetorte oder der Klostertorte, ist der Baumkuchen ein besonderes Highlight. Donnerstags ab 16 Uhr kann man dem Konditormeister beim Backen zusehen.
Ganzjährig steht die Burg auch als Veranstaltungsort für Familien- oder Firmenfeiern zur Verfügung.

Tipp
Baumkuchen-
backen Donnertag
nachmittags

BURGCAFÉ OTTERSWANG

Werner & Karin Schmid
Burg 3 | 88427 Bad Schussenried
Tel.: +49 (0) 75 25/71 03

www.burgcafe-otterswang.de

Öffnungszeiten

Do. bis Sa.: 14 – 18 Uhr
Sonn- und Feiertage: 11 – 18 Uhr
Mo. bis Mi. geschlossen

Herbst

Rosen, Kürbisse, Silbermoos und andere Naturmaterialien schmücken den Eingangsreich mit einer herbstlich dekorierten Etagere.

Kaffee- und Teekannen als Vase für Frisch- oder Trockenblumen.

Herbstfarben passend zum Ambiente

Bordeauxrote Elemente lassen sich hervorragend mit Grau und Weiß kombinieren. Weinrot ist die Symbolfarbe des Herbstes. Sie sieht edel aus und schmeichelt dem Auge.

Zur Grundfarbe Weiß lassen sich die Klassiker Heidekraut und Alpenveilchen bezaubernd kombinieren.

Weihnachten

Kindheitserinnerungen werden geweckt! Alte Spielsachen einfach in Szene setzen.

Dekoideen, Räumlichkeiten, Geschirr und Arrangements: Creativ Deko – Doris Linder; Hintergrund: april70/shutterstock.com

Gebackene Weihnachtssterne schmücken jeden Weihnachtsteller.

Weihnachtszauber

Glitter, Glamour, Gold und Silber kommen zum Einsatz. Flaschen, Gläser und Teelichter mit metallischer Beschichtung reflektieren das Licht und bringen eine behagliche, warme Weihnachtsstimmung. Christrosen und Tannenzweige schmücken die Tafel unvergesslich.

Passend zum Blumenschmuck einfach Symbole, z.B. Sterne, selber nähen.

Alexander Gourguis, Barista und Inhaber der Kaffeerösterei Purschwarz.

36

Klostercafé Bonlanden

– BERKHEIM-BONLANDEN –

Ruhe und Besinnung

Bonlanden – gute Erde – heißt der Ort, an dem die franziskanische Ordensgemeinschaft lebt. Bekannt ist das Kloster für seinen Krippenweg, eine 160 Quadratmeter große Landschaft mit bis zu 250 Jahre alten Figuren, die in 16 Szenen auf lebendige Weise die biblische Geschichte der Menschwerdung Jesu erzählen.
Im Klostercafé können nach der Besichtigung der Krippen oder einer Wanderung frische Torten, Kuchen und Gebäck aus der Klosterbäckerei genossen werden.

Tipp
Reichhaltiges Frühstücksbuffet an jedem 1. Sonntag im Monat

KLOSTERCAFÉ BONLANDEN

Faustin-Mennel-Str. 1 | 88450 Berkheim-Bonlanden
Tel.: +49 (0) 73 54/88 168
tagungszentrum@kloster-bonlanden.de

www.kloster-bonlanden.de

Öffnungszeiten

Täglich: 10 – 17 Uhr

37

Café Jooster

– TANNHEIM –

Landleben pur

Am Wochenende öffnet Gerolda Marrandino und Schreiner Heiner Joos ihre Wirtschaft mit gemütlichem Biergarten. Ein alter Kuhstall wurde in mühevoller Handwerkskunst in ein uriges Café verwandelt.

Kuchen und Torten werden mit viel Liebe nach altbewährten Rezepten selbst gebacken. Wer Lust auf was Herzhaftes hat, ist hier ebenfalls richtig. Die Gäste können aus verschiedenen deftigen Brotzeiten und warmen Gerichten wählen.

Tipp
Das Café liegt direkt am Illerradweg

CAFÉ JOOSTER

Gerolda Marrandino
Kronwinkler Str. 200 | 88459 Tannheim
Tel.: +49 (0) 75 65/91 257
hjoos@gmx.de

Öffnungszeiten

Sa.: 14 – 21 Uhr
So.: 11 – 21 Uhr

Torten Rosa

all you need
LOVE

38

Ton & Kaffee

– BURGRIEDEN-ROT –

Kunst, Kaffee und Kuchen

Mit viel Liebe zum Detail wurde das ehemalige Gasthaus „Zum Grünen Baum" zu einem Schmuckstück renoviert. Im schönen Rottal gelegen, lädt die alte, urige Gaststube zum Plaudern und Verweilen ein. Sabine Müller-Bettighofer stellt hier ihre Töpferware aus und dazu gibt es selbstgebackene Kuchen und Torten.

TON & KAFFEE

Sabine Müller-Bettighofer
Burgrieder Str. 31 | 88483 Burgrieden-Rot
Tel.: +49 (0) 73 92/15 02 16

Öffnungszeiten

Café: Di.: 14 – 17 Uhr
Laden: Di.: 10 – 17 Uhr

39

Spielburg

– BLAUSTEIN –

Spiele, Bücher und viel mehr

Das Fachgeschäft für Spiele, Bücher und Geschenke hat sich in den letzten Jahren zu einem beliebten Treffpunkt in Blaustein entwickelt. Zu jeder Jahreszeit finden sich hier passende Geschenkideen, hübsch präsentiert und einladend dekoriert. Neben Kuchen und Torten gibt es täglich ein leichtes Mittagsmenü, außerdem Salate, Burger und Gemüsetaschen. Tolle Eisbecher-Kreationen machen bei Sonnenschein auf der Terrasse Lust auf mehr...
Das Mitarbeiterteam, Chefin Kristina und Junior-Chef Johannes Nußbaumer kümmern sich liebevoll um die Gäste. Wechselnde Weine und Whiskeys aus dem In- und Ausland, fachmännisch ausgewählt von Dieter Beck, runden das Angebot ab.
Auch kulturell wird mit Konzerten, Comedy, (Kinder-)Theater, Krimidinner oder Whisky-Abenden viel geboten.

Tipp
Freitags
ist Spieleabend

SPIELBURG

Kristina Nußbaumer und Dieter Beck
Hummelstr. 9 | 89134 Blaustein
Tel.: +49 (0) 73 04/70 61 360
info@spielburg.de

www.spielburg.de

Öffnungszeiten

Mo. bis Do.: 9 – 19 Uhr
Fr.: 9 – 24 Uhr
Sa.: 9 – 18 Uhr, So.: 10 – 18 Uhr

Kaffee
GELEE

Kaffee-Gelee

Zutaten für 2 Gläschen

300 ml starker Kaffee, 250 g Gelierzucker 2:1

Zubereitung

1. Den Kaffee mit dem Zucker in einen Topf geben und unter Rühren aufkochen lassen, anschließend unter weiterem Rühren 5 Minuten sprudelnd kochen lassen.
2. In sterile Twist-off Gläser füllen, sofort fest verschließen. Etwa 5 Minuten auf dem Kopf, dann umdrehen und vollständig auskühlen lassen.

Das Kaffee-Gelee hält kühl und dunkel gelagert etwa 6 Monate.

Es passt sehr gut zu Pfannkuchen, Arme Ritter, zum Bestreichen von Tortenböden oder einfach als Brotaufstrich.

Text, Rezept & Foto: Manon Kurzau; Freisteller: Rob Stark/stock.adobe.com; Hintergrund: karlamaguet/stock.adobe.com

Kaffee-Kuchen-Trüffel

Zutaten für ca. 20 Stück

50 g Zartbitterschokolade, 60 ml Sahne, 1 EL feines Instant-Espressopulver, 200 g Rührkuchenreste, 1 EL Gelee (z.B. Kaffeegelee von Seite 142), Kuvertüre zum Überziehen oder Kakaopulver zum Wälzen

Zubereitung

Für die Ganache die Schokolade hacken, die Sahne erhitzen, das Espressopulver darin auflösen, die Schokolade hinzugeben, kurz stehen lassen, dann zu einer glatten Masse verrühren und etwas abkühlen lassen.

Den Kuchen zerkrümeln, mit dem Gelee und der Ganache zu einer formbaren Masse verkneten, kleine Kügelchen formen und 30 Minuten kalt stellen.

Kuvertüre im Wasserbad schmelzen, die Kugeln damit überziehen oder die Kugeln in Kakaopulver wälzen.

Die Kuchentrüffel sind gekühlt etwa 4–6 Wochen haltbar.

Impressum

Herausgeber & Verlag: AVA-Agrar Verlag Allgäu GmbH
Porschestraße 2 · 87437 Kempten/Allgäu
Telefon: (08 31) 5 71 42-13
FAX: (08 31) 7 90 08 · vertrieb@ava-verlag.de
www.ava-verlag.de · www.dieallgäuerin.de

Gesellschafter: A. Kiechle, W. Kühnle, A. Weixler, Landwirtschaftsverlag Münster

Geschäftsführender Gesellschafter: Dipl.-Ing. (FH) Wolfgang Kühnle

Konzept & Layout: Anita Herta Kößler, Stefanie Ücker

Redaktion: Anita Herta Kößler, Katharina Thiemann, Lina Jo Bergmans
Telefon: (08 31) 5 71 42-51

ISBN: 978-3-944321-70-7

Druck: KKW-Druck GmbH
Heisinger Straße 17 · 87437 Kempten
Telefon: (08 31) 57 50-310 | FAX: (08 31) 57 50-360
kontakt@kkw-druck.de | www.kkw-druck.de

Bildverweise

Titel: Syda Productions/stock.adobe.com (oben), Elena Schweitzer/stock.adobe.com (links), Maksim Shebeko/stock.adobe.com (rechts); **Freisteller:** © arturaliev – Fotolia.com (Button/Titel), © annata78 – Fotolia.com (Spitze/Titel)
Hintergründe: andersphoto/stock.adobe.com (S. 6, 8, 46, 66, 86, 100, 114, 132), Evgeny Karandaev/Shutterstock.com (S. 10, 64, 80), K.C./stock.adobe.com (16, 20, 44, 70, 96, 104, 130), l i g h t p o e t/Shutterstock.com (S. 28, 52, 72, 112, 138), Irtsya/Shutterstock.com (2) (S. 30, 36, 54, 78, 88, 98, 120), karlamagueta/stock.adobe.com (18, 32, 48, 62, 82, 116, 136), siro46/stock.adobe.com (38), Vasilyeva Larisa/Shutterstock.com (106), Livijus Raubickas/Shutterstock.com (122); **Rezepte:** Mareen Kurray; **Deko-Seiten:** Anita Herta Kößler;
Knigge: asife/stock.adobe.com, Portrait: privat; **Freisteller:** © arturaliev – Fotolia.com (Button), photoplotnikov/stock.adobe.com (Brautpaar), Sentavio/stock.adobe.com (Taube), jacartoon/stock.adobe.com (Geschenk, Torte), grgroup/stock.adobe.com (Hase), Dian Elvina/stock.adobe.com (Muffin), lovemask/stock.adobe.com (Kleid); **Freisteller Karte:** Jan Engel/stock.adobe.com
Cafés: sofern nichts anderes angegeben, stammen die Fotos vom Café-Inhaber.

Haben Sie Fragen oder kennen Sie ein weiteres reizendes Café?
Dann schreiben Sie mir unter dem Stichwort „Kaffeeklatsch"
via Mail an a.koessler@ava-verlag.de oder mit der Post an
AVA-Agrar Verlag Allgäu GmbH, Porschestraße 2, 87437 Kempten.

Alle Angaben (z.B. Öffnungszeiten) ohne Gewähr!